José Joaquín Fernández de Lizardi

El grito de libertad en el pueblo de Dolores

Edición de Héctor Azar

Barcelona 2024
Linkgua-ediciones.com

Créditos

Título original: El grito de libertad en el pueblo de Dolores.

© 2024, Red ediciones S.L.

e-mail: info@linkgua.com

Diseño de cubierta: Michel Mallard.

ISBN rústica ilustrada: 978-84-9953-856-3.
ISBN rústica: 978-84-96428-94-2.
ISBN ebook: 978-84-9897-858-2.

Sumario

Brevísima presentación

La vida

Fernández de Lizardi, José Joaquín (1776-1827). México.

Hijo de Manuel Fernández de Lizardi y Bárbara Gutiérrez. Nació en la Ciudad de México.

En 1793 ingresó en el Colegio de San Ildefonso, fue bachiller y luego estudió teología, aunque interrumpió sus estudios tras la muerte de su padre.

Hacia 1805 escribió en el periódico el Diario de México. En 1812, tras las reformas promulgadas por la Constitución de Cádiz, Fernández de Lizardi fundó el periódico *El Pensador Mexicano*, nombre que usó como seudónimo.

Entre 1815 y 1816, publicó dos nuevos periódicos: *Alacena de frioleras* y el *Cajoncito de la alacena*.

En mayo de 1820, se restableció en México el gobierno constitucional y, con la libertad de imprenta, fueron abolidas la Inquisición y la Junta de Censura. Entonces Fernández de Lizardi fundó el periódico *El conductor eléctrico*, a favor de los ideales constitucionales; y apenas unos años después, en 1823, editó otro periódico, *El hermano del Perico*.

Su último proyecto periodístico fue el *Correo Semanario de México*.

Murió de tuberculosis en 1827 y fue enterrado en el cementerio de la iglesia de San Lázaro.

La obra

Esta breve pieza de teatro está escrita con un estilo exhaltado y casi panfletario. Se trata, tal vez, de un panfleto culterano, que de algún modo recuerda a Brecht.

Lizardi hace una crónica de la historia mexicana de su tiempo.

El grito de libertad

Personajes

El cura Hidalgo
El capitán Allende
Abasolo
Aldama
Diez payos, armados con carabinas y machetes
Anselmo, viejo labrador abuelo de
Jacinto, joven pretendiente de
Rosa, hija de
Casilda, vieja
Inés, viuda con una hija doncella y tres niños
Nicolás, mozo del capitán Allende
El Alcaide, de la cárcel
Pueblo

Acto I

El acto I se representa en una sala grande y decente del cura Hidalgo, con el adorno común. Hidalgo, Abasolo y Aldama.

Hidalgo   Mucho tiempo hace, amigos míos, que lloro en el silencio la suerte desgraciada de nuestra patria. Oprimida trescientos años ha por el duro gobierno español, poseídas las benéficas órdenes que tal cual monarca ha dictado a su favor, solo hemos experimentado desprecios y maltrato general de los mandarines que envían a gobernarnos. Los empleos honoríficos y pingües son exclusivos para los españoles: el ser americano es un impedimento para obtenerlos. La contraseña de los pretendientes españoles es bien sabida; don Fulano de tal, dicen en sus solicitudes, natural de los reinos de Castilla y compañía: de esta manera hechos dueños del gobierno, se han hecho dueños del comercio, de las haciendas de labor, de las minas y de nuestras fortunas, dejándonos únicamente el trabajo material para comer, porque ni los auxilios que proporciona la industria se nos permite. Yo mismo he querido fomentar en este pobre pueblo el cultivo de las viñas.

Sí, yo he plantado algunas por mi mano, y no se ha permitido fabricar vinos porque se expendan los que nos traen de España. De este modo, habiendo nacido entre la riqueza y la abundancia, nos hallamos herederos de una subsistencia muy precaria, precursora infalible de la mayor miseria.

Si tal es la suerte de los criollos, esto es de los hijos del país que descienden de padres españoles, ¿cuál será la que sufren los infelices indios? Por fin, de aquéllos uno que otro obtiene algún empleo, aunque no de la primera jerarquía, y no faltan algunos descendientes de los conquistadores que poseen ricos mayorazgos; pero, ¡los indios!, los indios, los hijos naturales de este país, los descendientes de sus legítimos señores, yacen simados en la estupidez y la miseria. Trescientos años hace que pintó su vida miserable el señor Casas, y en tanto tiempo no han avanzado un paso a su favor. Siempre educados en la superstición y la ignorancia, y seguidos del abatimiento y la desdicha, ni tienen talento para conocer sus derechos usurpados, ni valor para poderlos reclamar.

Ellos, los infelices, son los que más han sufrido el rigor español en todos tiempos; y no solo de los españoles, sino de los criollos o de los hijos de ambas naciones. Si el gobierno español los abruma con tributos, los demás los oprimen con toda clase de gabelas y con un trato duro, altivo, inflexible. Los párrocos, que por su instituto debían ser los que les ministrasen el pasto espiritual con dulzura, con caridad y con desinterés, son, con excepción de pocos, los que les venden los sacramentos a un precio muy caro y muy prohibido. Los indios y las indias han de ser unos esclavos de los curas, los han de servir y los han de mantener, y si no los azotes y las bofetadas andan listos.

Mi corazón jamás ha podido soportar estas crueldades, ni el orgullo español ni la postergación de nuestro mérito por la colocación del paisanaje.

Por otra parte, siempre he advertido con dolor que separada la América de España por un inmenso océano, la naturaleza le avisa que ha sido criada independiente de la Europa. La vasta extensión de su terreno, cuyos límites no se conocen todavía, le han granjeado con razón el epíteto de Nuevo Mundo; pero un mundo lleno de riquezas y abundancia. Sí, la América no necesita nada de lo más precioso que producen las tres partes del globo; en sí misma lo tiene todo sobradamente. Las perlas y diamantes, el oro y platas, el fierro y el azogue, el algodón, la azúcar, el café, el cacao, la vainilla... en fin, todos los frutos que produce la Europa los tenemos con otros más preciosos, exclusivos solo de nuestros climas, como la grana, quina y otros muchos.

Ni los talentos faltan a los americanos para elevar la industria a la perfección, que las naciones extranjeras. La ambición e ignorancia de la España, contentándose con extraer nuestro oro, y nuestra plata, para derramarla en las demás potencias, se ha desentendido de las verdaderas riquezas de este suelo, y ha educado a sus hijos en los vicios, en la ociosidad y en la apatía; porque no solo no ha premiado los talentos americanos, sino que los ha procurado sofocar en cuanto ha estado de su parte.

Ésta es la causa de ese encogimiento, de esa pusilanimidad de los criollos, que parece que no saben ni hablar. Yo me lamento, amigos, yo suspiro a mis solas por nuestra triste esclavitud: conozco que ya no es tiempo de sufrirla: la América debe ser libre para que sea feliz: las circunstancias todas le convidan a romper los ominosos lazos conque la aprisiona su metrópoli: los acaecimientos de Bayona le proporcionaron una ocasión muy ventajosa; pero no supo aprovecharlos. No se encuentra entre nosotros un Washington que arrostre los peligros y haga la libertad de su nación.

Iturrigaray, ese virrey prudente que sabía conciliar la fidelidad al rey con nuestros intereses, ya estaba resuelto a crear una junta que sin reconocer a la de Sevilla, convocase a las Cortes del reino. Tal paso hubiera sido muy avanzado a nuestra independencia; pero una facción de oidores y acaudalados destruyeron sus planes una noche. ¡Pluguiese a Dios que se borrase su memoria en la cronología de nuestros tiempos!

Os acordáis, amigos: ahora dos años, el de 808, una turba de forajidos y tunantes se lanzaron al real palacio, sorprendieron a Iturrigaray, atropellaron a su esposa, lo arrastraron a la Inquisición con ignominia para hacer creer al pueblo que era hereje, y no contentos con tantas tropelías, insultaron al pacífico pueblo mexicano, atribuyéndole por rotulones públicos una traición de que solo fueran capaces los Batallares y Aguirres, los Yermos y Lozanos y otros tales.

Desde entonces las cosas van de mal en peor. Estamos amenazados por los franceses orgullosos con sus victorias, y la nación yace abismada entre el temor y la más justa desconfianza. Yo, a pesar de mi edad, de mis enfermedades y mi estado, he resuelto libertar a mi patria o sacrificar la vida en la demanda.

Todos los planes están bien combinados; lo sabéis, y si os he hecho esta prolija relación, ha sido por recordaros vuestros derechos y los peligros de la patria. ¿Qué me decís?, ¿os halláis con la misma resolución que siempre para acompañarme en esta empresa?

Aldama   Yo, señor cura, antes de decidirme titubeo; pero una vez decidido no retrocedo de mi resolución.

Abasolo   Y yo lo mismo. Os ayudaremos impertérritos en la gloriosa empresa, y moriremos si necesario fuere, pues morir por la patria es inmortalizarse.

Hidalgo   Amigos míos: no esperaba otra respuesta de vuestro honor y vuestro patriotismo. La causa que vamos a defender es la más justa, el Dios de las batallas esforzará vuestros valientes brazos y os conducirá a la victoria, así como...

Aldama   Señor, parece que a la puerta llega gente.

Hidalgo (Adentro.) Sale Anselmo viejo, sosteniéndose en el brazo de su nieto Jacinto, joven labrador.

Anselmo   Señor cura, muy buenos días dé Dios a su merced.

Hidalgo   Así se los dé Dios, tata Anselmo. ¿Qué anda usted haciendo por acá?

Anselmo	He recibido un recado de su merced, y vine a saber qué es lo que me manda.
Hidalgo	Es verdad que lo mandé llamar. Espérese un poco.
Anselmo	Sí, señor.
Hidalgo	Siéntese usted. Vaya, en aquesta silla estará cómodo.
Anselmo	Dios se lo pague, señor cura: ya los años me agobian, y no puedo salir a la calle sino teniéndome de este muchacho.

(Entra precipitada y llorando Inés, vestida de negro, con una joven y tres muchachillos pobremente vestidos.)

Inés	Señor cura, soy la mujer más infeliz del mundo; pero lo seré mucho más si no hallo amparo en su presencia...
Hidalgo	Vamos, doña Inés, usted serénese y cuénteme sus cuitas.
Inés	¡Ay, señor cura!, mi pena es la mayor irremediable... Ha muerto mi marido...
Hidalgo	¿Qué, don Carlos murió?
Inés	A media noche acabó de expirar... ¡Ay infelice!, esta pobre doncella... mis tres hijos...

Hidalgo	Serénese, señora, en este instante solamente la religión nos presta los consuelos necesarios. Advierta usted que todos los hombres nacemos sujetos a la muerte; que este tributo es forzoso pagarlo a la naturaleza, que la vida no es la cosa más grata, sino una cadena no interrumpida de pobrezas, enfermedades y miserias, de cuya carga insoportable nos liberta la muerte a un solo golpe. Su marido de usted era ya anciano, su enfermedad era crónica y demasiado dolorosa: él vivía en un tormento continuado, y con sus ayes afligía sin cesar el corazón de usted. Ha muerto; pero ya su cuerpo dejó de padecer y su espíritu descansa en su creador; ¿qué más consuelo puede usted apetecer? ¿Lo amaba usted con ternura?, pues consuélese también con la esperanza de que en el último día de los tiempos lo volverá usted a ver para no perderlo jamás.
Inés	¡Ay, señor cura!, esos consuelos son muy buenos; pero yo no tengo ni con qué pagarle a usted los derechos del entierro. Con su larga enfermedad he vendido mis animalitos; ni qué vender ni qué empeñar...
Hidalgo	Basta, doña Inés; ya sé el estado de pobreza a que se halla usted reducida. La compadezco y procuraré aliviarla en cuanto

pueda. Dé usted un recado de mi parte al padre vicario, para que esta tarde le dé sepultura al cadáver, diciéndole que se entienda conmigo, que ya usted me satisfizo los derechos. Prosiga usted cuidando de la educación de estos niños, que ya veremos cómo se hacen útiles, y por ahora llévese ese socorrillo para que coman unos días.

(Le da unos pesos.)

Inés   (Llorando.) Señor cura, usted es nuestro padre, nuestro benefactor... Queridos míos: besad la mano a vuestro nuevo padre.

(Aquí arrodilla a sus hijos a los pies de Hidalgo: ellos le abrazan por las rodillas, la doncella con el pañuelo a los ojos le besa una mano; el cura los levanta y acaricia.)

Sí, besad esa mano liberal que derrama los consuelos en el seno de una familia desgraciada.

Hidalgo   Basta, señora; basta, hijitos: levantaos. ¡Pobrecillos!, las inocentes lágrimas que lloran, son hijas de la más pura gratitud.

La joven   ¡Ay padre!, yo no sé cómo dar a usted las gracias por la caridad que ha usado con nosotras.

Hidalgo	Hija mía: nada he hecho que no debiera hacer en este caso, ni nada tenéis que agradecerme. Ahora se necesita...

(Entra Casilda con su hija Rosa.)

Casilda	Ave María Purísima. Muy buenos días dé Dios a su merced.
Hidalgo	Téngalos usted muy buenos, tía Casilda; ¿cómo va?
Casilda	Pasando, señor cura, pasando con estas piernas tan hinchadas que no puedo dar paso, que a no ser por el recado que recibí esta mañana de su merced para que viniera, no me hubiera levantado de la cama.
Hidalgo	¡Válgame Dios!, pues ¿qué estaba usted en cama?
Casilda	Sí, señor cura: esta hidropesía y esta tos (tose) ya me van llevando a la sepultura.
Hidalgo	No sabía yo la gravedad de usted, que a saberla, la hubiera ido a ver para excusarle esta incomodidad.
Casilda	¡Ay!, no lo permita Dios, señor cura; ¿cómo era eso capaz?
Hidalgo	Vamos, siéntese usted, descanse.

Casilda	Sea por amor de Dios.

(Siéntala junto al viejo.)

Hidalgo	Pues he llamado a ustedes dos para esto. Jacinto me ha dicho que se quiere casar con Rosita...
Los dos viejos	No lo permita Dios: ni por pienso, ni por pienso.
Hidalgo	(A sus amigos.) Es menester tolerarles a estos pobres sus necedades.
Aldama	Solamente la paciencia de usted...
Hidalgo	No tengo mucha; pero si el pastor no sobrelleva a sus ovejas, ¿cómo las sufrirán los de la calle? Vaya, déjense de regañar a los muchachos. Usted tío Anselmo, dígame, ¿por qué no quiere que se case Jacinto con Rosita?

(Mientras el cura habla con los capitanes, los viejos están regañando a sus hijos.)

Anselmo	Ni con Rosita, ni con nana Rosa, ni con mujer ninguna se ha de casar Jacinto, mientras viva.

Hidalgo	¿Pero por qué razón?, la muchacha no lo desmerece; yo sé que es muy mujercita y muy honrada.
Anselmo	Ella será una santa, señor cura, pero yo no quiero que se case Jacinto con ella.
Casilda	Ni yo quiero que se case Rosa con él; ¿qué, yo le ruego, o he mandado padres descalzos a que le pidan a su hijo? Había de ser mejor.
Anselmo	Mejor o peor, él no se ha de casar con ella.
Casilda	No, ni ella con él.
Hidalgo	Eso ya es perderme el respeto. Cada uno de ustedes ha de hablar conmigo y nada más.
Casilda	Sí, señor cura, usted me dispense; pero como señor Anselmo trata de despreciar a mi hija: si yo hubiera querido, días hace que se hubiera casado y muy bien.
Abasolo	¿Con quién, tía Casilda?
Casilda	Con el sacristán de la parroquia. (Ríense todos.) No, no se rían ustedes. Pregúntenselo a él que no me dejará mentir.

Hidalgo	Pues ahora yo le suplico que nos deje hablar. Vaya, tío Anselmo, ¿por qué no quiere usted que se case Jacinto?
Anselmo	Porque no tiene la edad suficiente.
Hidalgo	Eso no le hace, la ley lo puede habilitar dando usted su licencia.
Anselmo	Pero, señor cura, no conviene.
Hidalgo	¿Por qué? ¿Sabe usted que tenga algún impedimento?
Anselmo	No, señor.
Hidalgo	Pues entonces es capricho de usted.
Anselmo	No, señor, no es capricho, sino muchísima razón. Oiga usted; yo soy un pobre viejo, tengo ochenta y siete años, para servir a usted; estoy muy enfermo y ya no puedo trabajar. Mi mujer es otra pobre vieja, que está tullida en una cama. No tenemos quién nos socorra sino este muchacho, que es nuestro nieto, y apenas gana para que medio comamos. Si se casa, es fuerza que primero atienda a su mujer, y entonces también será fuerza que nos muramos de hambre. Nos moriremos, y entonces que se case con quien quisiere.

Hidalgo	¡Válgate Dios, y a lo que obliga la miseria! Y usted tía Casilda, ¿por qué no quiere que se case Rosita?
Casilda	Porque no, señor, porque no.
Hidalgo	Ésa no es razón: dígame usted la verdad como el tío Anselmo.
Casilda	Pues, señor, no quiero porque Jacinto apenas gana con qué mantenerse con sus padres: si se casa, se aumenta la familia y es de esperar que mi hija ande en cueros y muerta de hambre, y para eso, mejor está en su casa.

(El cura a Aldama y Abasolo.)

Hidalgo	Vean ustedes uno de los mayores perjuicios que la pobreza trae a la sociedad; la falta de la población. Estos jóvenes se aman, y sus padres embarazan su enlace únicamente porque es pobre Jacinto. ¿No es esto?

(A los viejos.)

Los viejos	Sí, señor, por eso.
Hidalgo	Y si yo encontrase un arbitrio para que Jacinto pudiera mantener a su mujer, sin faltar a socorrer a sus padres, ¿lo dejará usted casar, tío Anselmo?

Anselmo	¡Oh, señor! entonces, ¿por qué se lo había de estorbar?
Hidalgo	Lo mismo digo a usted señora: si yo salgo por fiador de Jacinto, de que siempre tratará bien a su niña y que no le faltará nada, según su clase, ¿consentirá usted en sus bodas?
Casilda	De mil amores, señor cura, de mil amores. ¿Yo qué puedo querer sino darle gusto a la muchacha? Ella ya es grandecita, y el cuerpo le pide matrimonio. Sobre que a todos nos gusta casarnos. Yo también me casé, y con mi viejecito cuento cinco maridos, con bien lo diga.
Hidalgo	Adiós, pues, todo está hecho. Voy a poner a Jacinto que administre mi fábrica de loza, y a Rosita la enseñaremos a criar los gusanos y que saque su seda, con cuyos auxilios no les faltará lo preciso.
Los jóvenes	Señor, ¿con qué pagaremos tan grandes beneficios?
Hidalgo	Con quererse mucho, con trabajar y con no olvidar a sus padres ni dejar de socorrerlos, para que os colme Dios de bendiciones.

Anselmo	La mía te alcance, hijo Jacinto.

(Bendícelo.)

Casilda	Y las mías a los dos, aunque mala y peca-dora.

(Bendice a los dos a dos manos.)

Inés	Repito mis agradecimientos, señor cura, y con el permiso de usted me retiro; me he dilatado por saber lo que usted mandaba, pues cuando entró esa señora dijo a Tu-litas, que era preciso no sé que cosa.

Hidalgo	Ah, sí, le iba a decir que es preciso que esto no lo publiquen, pues no hay para qué.

Inés	¿Cómo no? ¿Cómo es posible que esté oculta tanta virtud? Cuando no se puede corresponder un beneficio, es un desahogo publicarlo.

Hidalgo	Pues yo le encargo a usted que omita esos desahogos, pues cuando cumplo con los deberes que me impone la humanidad, me es repugnante que se cacareen mis ac-ciones.

Inés	En usted es un deber el ocultar su caridad, en mí fuera una ingratitud el no reconocer y confesar los beneficios que me acaba de

hacer. No, yo lo publicaré por todas partes. Usted ha sido mi paño de lágrimas, y el iris que ha serenado la tempestad de dolor, en que se anegaba mi corazón. Fuera de que, ¿qué importa que yo deposite en el silencio esta acción, cuando el carácter benéfico de usted es público en todo el pueblo de Dolores, y sus contornos? ¿Es verdad, señores, que nuestro cura Hidalgo es el genio mismo de la beneficencia? ¿Podrán ustedes no agradecer los favores que le acaban de recibir?

Jacinto   De ninguna manera. El señor cura convenciendo a mi padre, me ha hecho feliz, pues lo seré al lado de mi Rosa.

Rosa   Y yo lo seré al tuyo por su prudente mediación.

Anselmo   Usted es, señor, el padre de los pobres.

Casilda   Nuestro benefactor.

Inés   Nuestro consuelo.

Hidalgo   Basta, hijos, basta. Vuestra generosidad me enternece y yo quisiera poder haceros verdaderamente felices.

Inés   Sí lo seremos, mientras usted nos viva.

(Toda esta escena es abrazándolo, y besándole la mano, y él abrazando a todos.)

Anselmo   Así lo pediremos al Todopoderoso.

Inés   Él conserve su vida, porque siempre digamos que viva nuestro padre.

Anselmo   Nuestro amparo.

Todos   Y viva siempre el cura de Dolores.

                 Telón

Acto II

La misma sala, y saliendo de otra pieza Hidalgo y los capitanes.

Hidalgo	Muy buena siesta han dormido ustedes, caballeros.
Aldama	Sí, señor cura; no ha sido mala.
Hidalgo	Sentémonos, y tomaremos chocolate mientras llegan nuestros tertulianos.

(Siéntanse.)

Aldama	Sea enhorabuena.
Abasolo	¿Conque usted tiene su tertulia todas las noches?
Hidalgo	Las más. La música me deleita demasiado y aunque aquí no puede disfrutarse una excelente orquesta, sin embargo, a costa de trabajo y dinero he conseguido poner una muy razonable, con la que les he hecho una escoleta a mis inditos, que son muy aplicados; y no solo saben ya el canto llano, sino algo de buena música; de suerte que un día de función clásica de iglesia no es desagradable en Dolores.

(Sacan chocolate y luces, y mientras lo toman sigue el diálogo.)

Aldama — Si todos los curas tuvieran la eficacia de usted bien pudieran tener su escoleta en todos los pueblos, y no que en los más es una irrisión una función clásica.

Abasolo — ¡Jesús!, por no sufrir el rechinido de los violines de pita, y raca raca de aquellas malditas guitarras conque aporrean los oídos menos delicados, se puede uno quedar sin misa.

Hidalgo — Lo peor es aquella sarta de desatinos que cantan en los coros. ¡Pobres indios!, los hacen blasfemar. Ya se ve, no saben hablar el castellano, ¿cómo es posible que pronuncien el latín correctamente?

Aldama — Y qué, ¿ahora vienen los inditos a ensayar algunas vísperas o misa?

Hidalgo — Misa no es; pero pueden ser vísperas.

Abasolo — ¿Vísperas de qué, señor cura?

Hidalgo — De nuestra libertad.

Abasolo — No entiendo a usted.

Aldama	Ni yo.
Hidalgo	Pues ahora lo entenderán. No son los indios los que componen mi tertulia, sino algunas muchachas decentes y jóvenes honrados del pueblo, que son muy aficionados y no tienen malas voces. Yo les hago sus letrillas y pago la música, y ellos se adiestran y me divierten.
Abasolo	¿Y qué tienen prevenido para esta noche?
Hidalgo	Una marchita patriótica que están ensayando.
Abasolo	De todo saca usted partido a beneficio de la patria, hasta de la música y de sus diversiones caseras.
Hidalgo	Es preciso entusiasmar a nuestros paisanos, hacerles conocer sus derechos, la opresión en que viven y lo dulce que es la libertad. Sí, es menester no descuidarse un punto en esto; sino trabajar con tesón en las concurrencias, en los púlpitos, en los estrados, y en todas partes, en prosa y en verso, en todos los idiomas que aquí se hablan: con la lengua, con la pluma y con los violines y las flautas.
Aldama	No puede usted negar su grande patriotismo.

Hidalgo	Él es mi pasión favorita. Como yo vea a mi patria libre, más que al momento cierre mis ojos la muerte para siempre.
Aldama	Con media docena de curas como usted y otra media de militares como Allende, la cosa era hecha en cuatro días.
Hidalgo	Ella se hará aunque sea en veinte: yo no pierdo las esperanzas. Contamos con lo más necesario para lograr la empresa, que es la razón y la opinión, y el cielo no desamparará tan justa causa.
Aldama	Yo lo creo; mas por ahora solo deseo que lleguen las muchachas, y que canten, pues no veo la hora de oír la letra que será como de usted.
Hidalgo	Nada tiene de particular: su estilo es muy sencillo y natural, tal como se necesita para que lo entiendan los autores; pero respira patriotismo.
Aldama	Eso es lo mejor que puede tener.
Abasolo	Ya creo que vienen, según el tropel de la escalera.

(Levántase, sale de la primera pieza, y vuelve a entrar albo-rozado.)

Ellos son, ellos son. Aquí están.

(Entran los que cantan.)

Uno   Señores, muy felices noches.

Hidalgo   Amigos: bienvenidos, ya culpábamos la di-lación de ustedes.

Uno   Por venir reunidos de una vez, nos hemos dilatado un poco más; pero aún no son las siete.

Hidalgo   Es muy buena hora. ¿Qué tal saben letra?

Uno   Perfectamente.

Hidalgo   Pues siéntense, mientras los músicos tocan la obertura que tienen prevenida.

Todos   Enhorabuena.

(Se sientan; la música toca una solemne obertura, y concluida se levantan todos, menos Hidalgo y los capitanes, y cantan la siguiente marcha.)

Coro   A las armas corred, mexicanos
                de la patria el clamor escuchad,

baste ya de opresión vergonzosa,
libertad pronunciad, libertad.
Después de tres centurias
de dura esclavitud,
busquemos la salud,
basta de padecer.
España sin monarca,
Fernando ya en Bayona,
abdicó la corona,
y quedamos sin rey.

Coro

La junta de Sevilla
compuesta de anarquistas,
de intrusos y de egoístas,
darnos quiere la ley.
No estamos en el caso
de sufrir más cadenas,
basta, basta de penas,
ya no hay que obedecer.

Coro

Alarma, mexicanos,
viva la libertad;
todos os preparad
por si viene el francés.
Ya la América joven
emanciparse quiere,
su libertad prefiere
al gobierno de un rey.

Coro

Sabio Iturrigaray,
viendo nuestros derechos,
dejarlos satisfechos

quiso según la ley.
Pero una facción fiera
de oidores y traperos,
burlaron los esmeros,
de aquel justo virrey.

Coro   Los inicuos autores
de tan atroz traición,
hacen la desunión
de este mundo de aquél.
Si al virrey no respetan
porque no es de su gusto,
¿por qué en lo que es injusto
hemos de obedecer?

Coro   De ninguna manera
de tan sagrado intento,
dude mi pensamiento;
libres hemos de ser.
Libres, libres seremos,
porque libres nacimos,
mas yugo no admitimos,
o morir o vencer.

Hidalgo   (A sus compañeros.) ¿Qué les ha parecido
a ustedes?

Aldama   La letra y la música muy buenas, y el espíritu que la dictó inmejorable. Lo que me hace mucha fuerza es la satisfacción con que la han cantado.

Hidalgo	Todos estos señores que usted ve, son amigos de toda mi confianza.
Aldama	¿Conque son muy buenos patriotas, según eso?
Hidalgo	Sí, excelentes. En mi casa no entran serviles ni chaquetas.
Abasolo	Muy bien hecho: en este caso no está por demás ninguna precaución, y menos ahora que está el espionaje muy recomendado y...

(Entra un payo precipitado con una carta.)

Payo	Ave María. ¿El señor cura dónde está?
Hidalgo	Aquí estoy, Nicolás, ¿qué se ofrece?
Payo	Mi amo el señor don Ignacio Allende le manda a su mercé esta carta.

(Dásela: el cura lee para sí, se queda suspenso y al cabo de un segundo, dice:)

Hidalgo	¿Y qué hacía Allende cuando te despachó?
Payo	Estaba registrando unos papeles y mandó ensillar. A lo que yo percibí; para acá viene y no tarda.

Hidalgo	Pues anda adentro a descansar, y ustedes, amigos, permítanme que me retire a contestar esta carta que es ejecutiva, a bien que para mañana diferiremos nuestra tertulia.
Uno	Señor cura, está muy bien. Hasta mañana.
Todos	Que pase usted muy buena noche.
Hidalgo	Que a ustedes les vaya bien. (Vanse.) Amigos, nuestra empresa se ha perdido.
Aldama	¿Cómo así?
Hidalgo	Lea usted ese papel.
Aldama (Lee.)	«Todos nuestros planes están descubiertos ante el gobierno. Anticipo estas cuatro letras, para que no sorprenda a usted mi llegada a ése, donde le informaré por menor. Soy del...» ¡Válgame Dios! ¿Y quién ha sido el vil americano que ha tenido la bajeza de vendernos?
Hidalgo	Qué sé yo: soy con ustedes.
(Vase.)	
Abasolo	Ahora somos perdidos sin remedio. Todo se lo llevó el diablo en un instante. Si la

cosa se ha descubierto como dice Allende, nuestra prisión es infalible.

Aldama   Y nuestra ruina también.

Abasolo   ¿Pues qué hacemos?, ¿a qué nos detenemos?; ponernos en salvo es lo más seguro.

Hidalgo   (Con serenidad.) Aquí estamos bien seguros.

Aldama   ¿Aquí, señor?

Hidalgo   Sí, aquí.

Aldama   ¿Y cuál es la seguridad conque contamos?

Hidalgo   Con la que prestan los buenos caballos y las armas.

Abasolo   ¿Y si no nos dan tiempo de tomarlos?

Hidalgo   No se apoquen ustedes que al fin más ha de ser el ruido que las nueces... mas Allende llega... (Se asoma a una puerta.) Sí, él es.

(Sale Allende de capitán con botas y decente.)

Allende   Yo soy, mi amable cura y compañeros.

Hidalgo   Vamos, ¿qué ha sucedido?

Allende	Todo malo. Un eclesiástico de Querétaro ha descubierto al gobierno de México la revolución que teníamos trazada por el 1.º del próximo octubre.
Hidalgo	¡Qué vileza!
Aldama	¡Qué iniquidad!
Abasolo	¡Qué infamia! ¡Un sacerdote! ¡Un ministro de paz, y americano!
Hidalgo	¿Conque ya no tienen duda de nuestras intenciones?
Allende	Son tan públicas que hasta Riaño, el intendente de Guanajuato, las sabe. Garrido se delató él mismo...
Hidalgo	¡Qué bastardía!
Allende	Ayer intercepté un correo de Guanajuato, en que aquel intendente previene nuestro arresto. Vean ustedes los oficios originales.

(Los entrega a Hidalgo y éste lee en voz alta.)

Hidalgo	«Habiendo sabido positivamente que los capitanes don Ignacio Allende y don Juan Aldama, como también don Ignacio Abasolo, tratan de conspirar contra el gobierno,

en unión del cura de Dolores, prevengo a usted que sin pérdida de tiempo, proceda a la prisión de Allende y Aldama, que se hallan en esa villa, en lo que hará usted un buen servicio al rey y a la patria. Dios guarde a usted muchos años. Guanajuato 13 de septiembre de 1810. Riaño. Señor subdelegado de San Miguel el Grande.»

(Representa.)

No hay la menor duda, la firma es suya.

Allende   Igual encargo traía don Francisco Iriarte, para arrestar a usted y Abasolo.

Abasolo   ¿Pues qué debemos hacer en este caso?

Hidalgo   ¿Cómo qué?, dar el grito en esta misma noche.

Aldama   ¿En esta misma noche?

Hidalgo   Sí, señor. Ya estamos perdidos, la cosa es innegable pues nos descubren los mismos compañeros, y no es lo peor que nos perdiéramos nosotros, sino que la empresa se pierde, y si nosotros no la llevamos al cabo, acaso no habrá otros que la emprendan. ¿Qué dice usted, Allende?

Allende	Yo, ya sabe usted que siempre sigo gustoso sus disposiciones, y así no tiene sino mandar, y yo obedecer.
Aldama	Pero, ¿con qué gente, con qué auxilios contamos para llevar a efecto una empresa de tanto empeño?
Hidalgo	Con nuestro valor, y con unos muchachos que tengo prevenidos. Entren, hijos.

(Entran diez payos, vestidos al uso de la tierra, unos con carabinas y otros con machetes.)

Hidalgo	Inmediatamente van y ponen presos a los siete españoles que hay aquí, sin maltratarlos, y en un lugar seguro y separado, y esperadnos en la plaza.
Todos	Sí, señor.

(Vanse.)

Aldama	Señor cura, por Dios, ¿qué va usted a hacer? Con diez hombres intentar una revolución, es la mayor temeridad; y luego cometiendo la tropelía de arrestar a los europeos.
Hidalgo	No es tropelía, es prudencia, porque el pueblo que lo verá usted conmovido muy en breve, no los mate.

Aldama	Sin embargo, una vez desconcertados nuestros planes, diez hombres nada valen.
Hidalgo	Pues si ellos no valen nada, yo valgo mucho. Nunca será libre la patria si hemos de andar con tanta cobardía. Si muriésemos en la empresa, otros nos remplazarán; la causa es justísima y general, y por último, el que tenga miedo, que se marche, que yo solo basto para lo que esta noche se ha de hacer. El patriotismo, amigo, ha de lucir en los peligros, no en los estrados y placeres.

(Al decir esto se ciñe un sable que estará sobre la mesa, y toma su sombrero y su bastón.)

Aldama	Por Dios que me avergüenzo, señor cura, de que atribuya mi prudencia a poco patriotismo o cobardía. Si por tal la ha tenido, yo lo desengañaré. Vamos, vamos a morir por la patria.
Hidalgo	Eso sí, los nobles sentimientos jamás pueden disimularse mucho tiempo. Ea, amigos: ¿juráis defender los derechos de nuestra nación oprimida?
Todos	Sí, juramos.

Hidalgo	¿Juráis morir, si necesario fuere, por tal causa?
Todos	Sí, juramos.
Hidalgo	Pues a salvar la patria, o a morir.
Allende y todos	Vamos, y desde aquí la patria. Viva.

(Éntranse.)

(Descúbrese vista de calles, en ellas habrá tres tiendas que a su tiempo abrirá el pueblo con hachas, y arrojará la ropa y víveres que habrá dentro. A un lado estará la cárcel: luego que se dejen ver, Hidalgo y compañeros, comenzarán a sonar campanas, y se verán algunas gentes con hachas de brea, discurriendo por todas partes.)

Hidalgo	Amigos, ya estamos en la palestra. Vamos a sacar los presos de la cárcel. Es necesario hacer agradecidos.
(Llega.)	Ea, el alcaide.
Alcaide	Mande usted, señor cura.
Hidalgo	Abra la puerta y eche fuera los presos.
Alcaide	Yo no puedo en eso obedecer a usted porque están bajo mi responsabilidad.
Hidalgo	Si se dilata, es su muerte segura. A ver las llaves.

(Le encara una pistola.)

Alcaide   Ya está, ya está, señor.

(Le da las llaves, Hidalgo abre y salen unos veinte presos gritando.)

Todos   Que viva nuestro padre el cura Hidalgo.

Hidalgo   Hijos, a mí no me aclaméis sino a la patria. ¿Estáis gustosos con vuestra libertad?

Todos   Sí, estamos.

Hidalgo   ¿Me la agradecéis?

Todos   Sí, agradecemos.

Hidalgo   Pues, escuchad.

(A este tiempo llegan los diez payos con sables desnudos y carabinas, y uno de ellos traerá una bandera blanca, con una águila. Algunos otros los acompañan con hachas de brea. A la presencia del cura, se paran todos, y éste prosigue:)

«Americanos: nacisteis libres por la naturaleza, como todos los hombres al mundo: la codicia europea descubrió este vasto y rico continente, lo conquistó, esto es, lo usurpó a los indios sus legítimos dueños, y desde entonces han visto y tratado a los hijos del país como sus colonos y aun como sus esclavos.

En vuestra misma patria no sois nada, ni podéis sembrar ni cultivar, sino lo que os permiten como gracia.

Nacisteis en el reino del oro y de la plata, y no tenéis un peso: rodeados de la abundancia, perecéis en medio del hambre y la miseria: el cielo os dotó de talentos despejados, y vivís y morís ignorantes. De esta manera, oprimidos vuestros padres por los españoles, os dejaron pobres, rudos y miserables; y vosotros bajo los mismos principios, no podéis dejar a vuestros hijos otra herencia que la miseria, la esclavitud y la ignorancia.

Esta suerte de los americanos será eterna mientras no conozcan sus derechos, esto es, que son libres porque son hombres, que nuestra patria ya se halla en estado de gobernarse por sí, sin necesidad de que la gobierne y domine un extranjero que está a dos mil leguas de distancia de nosotros, que nos carga de leyes, nos abruma con gabelas y se lleva a su nación nuestros tesoros.

La justicia nos favorece, podemos ser felices si queremos de un momento a otro. Un empuje generoso se necesita de vuestra parte; pero con unión y constancia. El tiempo presente es el precioso; si lo desaprovechamos, estamos a pique de ser esclavos para siempre. Ya os lo digo: España, por ahora, tutoreada y aun dominada por la Francia, está imposibilitada de enviar tropas de refuerzo contra nosotros; pero los franceses no carecen de recursos ni intenciones: acaso ellos vendrán y nuestra esclavitud será mayor.

Yo advierto en vosotros una decidida inclinación para recobrar y conservar vuestra libertad; pero también advierto que os detiene lo inermes que os halláis y el no contar con una cabeza que os dirija. Yo os amo mucho, y deseo la libertad de la patria como vosotros; si os resolvéis a seguirme, a pesar de mi vejez y mis achaques, os conduciré a la victoria con la ayuda de Dios y el favor de estos ilustres compañeros.

¿Qué decís?, ¿queréis vivir esclavos, o ser libres y salvar vuestra patria?»

Unos	¡Viva la libertad!
Otros	¡La patria viva!
Hidalgo	(Toma Hidalgo la bandera y les dice:) He aquí, hijos míos, las armas del suelo mexicano, las de vuestros mayores y el símbolo de vuestra libertad. ¿Juráis ante el Dios de los ejércitos y ante la patria derramar vuestra sangre en su defensa?
Todos	Sí, juramos: o morir o ser libres...

(Entra uno precipitado.)

Uno   Señor, el alboroto es ya general en todo el
               pueblo, el furor crece por instantes contra
               los españoles; si no estuvieran presos, ya
               fueran víctimas de su furor; pero éste se
               ha encarnizado en sus efectos, han abierto
               sus tiendas y después de robar, arrojan a la
               calle lo que resta.

Allende   Es muy escandaloso este desorden.

Abasolo   Una injusticia es.

Hidalgo   Es cierto, pero ni es política el oponernos
               a la plebe furiosa, ni tenemos fuerza para
               el caso. Es de necesidad ceder a las circuns-
               tancias.

(A este tiempo entra la multitud, tirando las tiendas y gritando.)

Unos   ¡Muera el gobierno español!

Y otros   ¡Viva la libertad, viva la patria!

               Telón

Libros a la carta

A la carta es un servicio especializado para
empresas,
librerías,
bibliotecas,
editoriales
y centros de enseñanza;
y permite confeccionar libros que, por su formato y concepción, sirven a los propósitos más específicos de estas instituciones.

Las empresas nos encargan ediciones personalizadas para marketing editorial o para regalos institucionales. Y los interesados solicitan, a título personal, ediciones antiguas, o no disponibles en el mercado; y las acompañan con notas y comentarios críticos.

Las ediciones tienen como apoyo un libro de estilo con todo tipo de referencias sobre los criterios de tratamiento tipográfico aplicados a nuestros libros que puede ser consultado en Linkgua-ediciones.com.

Linkgua edita por encargo diferentes versiones de una misma obra con distintos tratamientos ortotipográficos (actualizaciones de carácter divulgativo de un clásico, o versiones estrictamente fieles a la edición original de referencia).

Este servicio de ediciones a la carta le permitirá, si usted se dedica a la enseñanza, tener una forma de hacer pública su interpretación de un texto y, sobre una versión digitalizada «base», usted podrá introducir interpretaciones del texto fuente. Es un tópico que los profesores denuncien en clase los desmanes de una edición, o vayan comentando errores de interpretación de un texto y esta es una solución útil a esa necesidad del mundo académico.

Asimismo publicamos de manera sistemática, en un mismo catálogo, tesis doctorales y actas de congresos académicos, que son distribuidas a través de nuestra Web.

El servicio de «libros a la carta» funciona de dos formas.

1. Tenemos un fondo de libros digitalizados que usted puede personalizar en tiradas de al menos cinco ejemplares. Estas personalizaciones pueden ser de todo tipo: añadir notas de clase para uso de un grupo de estudiantes, introducir logos corporativos para uso con fines de marketing empresarial, etc. etc.

2. Buscamos libros descatalogados de otras editoriales y los reeditamos en tiradas cortas a petición de un cliente.

www.ingramcontent.com/pod-product-compliance
Lightning Source LLC
Chambersburg PA
CBHW020526030426
42337CB00011B/561